BEI GRIN MACHT SICH IHR
WISSEN BEZAHLT

- Wir veröffentlichen Ihre Hausarbeit,
  Bachelor- und Masterarbeit

- Ihr eigenes eBook und Buch -
  weltweit in allen wichtigen Shops

- Verdienen Sie an jedem Verkauf

Jetzt bei www.GRIN.com hochladen
und kostenlos publizieren

Sabrina Detz

Iphigenies Wandlung auf Tauris

GRIN Verlag

Bibliografische Information der Deutschen Nationalbibliothek:

Die Deutsche Bibliothek verzeichnet diese Publikation in der Deutschen National-
bibliografie; detaillierte bibliografische Daten sind im Internet über http://dnb.d-
nb.de/ abrufbar.

Impressum:

Copyright © 2013 GRIN Verlag GmbH
Druck und Bindung: Books on Demand GmbH, Norderstedt Germany
ISBN: 978-3-656-53677-2

GRIN - Your knowledge has value

Der GRIN Verlag publiziert seit 1998 wissenschaftliche Arbeiten von Studenten, Hochschullehrern und anderen Akademikern als eBook und gedrucktes Buch. Die Verlagswebsite www.grin.com ist die ideale Plattform zur Veröffentlichung von Hausarbeiten, Abschlussarbeiten, wissenschaftlichen Aufsätzen, Dissertationen und Fachbüchern.

Besuchen Sie uns im Internet:

http://www.grin.com/

http://www.facebook.com/grincom

http://www.twitter.com/grin_com

Ruprecht-Karls-Universität Heidelberg
Institut für Germanistik

Datum: 27.06.2013

IPHIGENIES WANDLUNG AUF TAURIS

Sabrina Detz
Fachsemester: Germanistik (11) / Pflegewissenschaft (12)

Inhaltsverzeichnis

1.) Einleitung

Mit seinem Werk „Iphigenie auf Tauris" schuf Johann Wolfgang von Goethe eines der bedeutendsten Schriften seiner und der heutigen Zeit. Das Werk ist der „Weimarer Klassik" zuzuordnen und behandelt das klassische Humanitätsideal. Das Drama, welches ein moralisches Dilemma behandelt, wird von MÜLLER „als die reifste und schönste Gestaltung der Humanitätsidee" gesehen.[1]

Iphigenie als Hauptfigur löst sich bewusst vom Glauben an die Göttermacht, Menschsein, frei Handeln, Gleichberechtigung, frei Leben, wird zum zentralen Gedankengut.

Diese Arbeit soll einen Überblick über die Wandlung und Entwicklung Iphigenies geben. Eingeführt wird das Werk „Iphigenie" mit einem kurzen Überblick über Inhalt, Form und Sprache. Es folgt die Beschreibung Iphigenies innerer Verfassung und die damit auftretenden Konflikte. Die drei einzelnen Konflikte werden gesondert in den Begegnungen mit König Thoas, Orest und Pylades und den Göttern bearbeitet. Die Schlussbetrachtung stellt die Lösung des Konfliktes dar.

---

[1] Müller, Joachim: Neue Goethe Studien, Halle (Saale) 1969, S. 7.

2.) Inhalt, Form und Sprache

2.1) Inhalt

Das von Johann Wolfgang von Goethe verfasste Drama „Iphigenie auf Tauris", im Jahr 1787 vollendet, erzählt die Geschichte Iphigenies, der Tochter des mykenischen Königs Agamemnon und seiner Gemahlin Klytaimnestra, die von der Göttin Diana vor dem Opfertod bewahrt und nach Tauris verbannt wird.

Seit sie dort als oberste Priesterin des Tempels der Göttin Diana dient, empfindet sie trotz Dankbarkeit tiefe Sehnsucht nach ihrer Heimat Griechenland und ihrer Familie. Der König der Taurier, Thoas, lässt sie aber nicht in ihre Heimat zurückkehren, da er sie zur Frau nehmen möchte. Iphigenie weist diese Sehnsucht des Königs jedoch bestimmt zurück und erhält ein Versprechen, dass Thoas sie widerwillig gehen lässt, wenn er einen Hinweis über die Existenz ihrer Verwandtschaft erhält. Die zunächst aufgehobene Opferung Fremder wird wieder eingeführt, als zwei Unbekannte auf der Insel stranden. Orest und Pylades wurden von Apoll, dem Gott des Lichts, der Heilung und des Frühlings, auf die Insel Tauris geschickt, um die Schwester Iphigenie wieder in ihre Heimat Griechenland zu bringen.

Um seinen Vater Agamemnon zu rächen, wurde Orest zum Mörder der eigenen Mutter und ist seitdem verfolgt von Rachegöttinnen, dem Wahnsinn nah. Apoll verspricht ihn endlich zu entsühnen, wenn er seine Schwester Iphigenie von der Insel befreit. Orest schmiedet mit Pylades einen Fluchtplan, den Iphigenie unterstützen soll, indem sie den König Thoas hinters Licht führt. Zunächst gelingt es ihr den König der Skythen zu täuschen, aber ihr gutes Herz lässt es nicht zu ihn weiter zu belügen. Der Fluchtplan wird ihrerseits aufgedeckt und sie erinnert den König an sein Wort, dass er sie gehen lasse, wenn sie ihre Verwandtschaft finde. König Thoas lässt sie zwar verbittert, aber in Freundschaft von der Insel ziehen.

2.2) Form des klassischen Dramas

Goethes „Iphigenie" ist ein geschlossenes, klassisches Drama, welches sich in fünf Aufzügen darstellt und die „klassischen drei Einheiten des Ortes, der Zeit und der Handlung"[2] berücksichtigt. Der Ort an dem sich die Handlung ereignet, ist fortwährend der Hain vor dem Tempel der Göttin Diana. Andere Orte, wie zum Beispiel die Meeresbucht, werden nicht weiter charakterisiert. Die Zeit ist an die Handlung gebunden, jedoch werden keine eingehenden, objektiven Zeitangaben genannt.[3] Die voranschreitende Zeit in der Handlung

---

[2]Leis, Mario: Johann Wolfgang Goethe. Iphigenie auf Tauris, Stuttgart 2005, S. 20.
[3]Leis, S.20f.

2

verläuft demnach linear.

Aufgebaut ist das klassische Drama in der geschlossenen Form, nach FREYTAG in Exposition, steigende Handlung mit erregendem Moment, Höhepunkt und Peripetie, fallende Handlung mit retardierendem Moment und Katastrophe beziehungsweise Lösung.[4]

Goethes Iphigenie entspricht dem „pyramidalen Aufbau" von FREYTAG in den einzelnen Aufzügen.

Im 1. Akt werden sowohl Zeit, Ort und Figuren der Handlung eingeführt, als auch Iphigenies Konflikt. Des Weiteren umfasst die Exposition die Darstellung der politischen Situation Thoas, dessen Heiratsantrag gegenüber Iphigenie, sowie die Zurückweisung seines Wunsches. Im 2. Akt wird die Handlung angetrieben und die Spannung gesteigert. Erreicht wird diese Steigerung durch die Einführung Orests und Pylades', dessen Gefangennahme, Iphigenies Widerwille gegen die Menschenopfer und Pylades' Pläne für eine Flucht von der Insel Tauris. Der Höhepunkt der Handlung, nicht des Schauspiels, beginnt im 3. Akt, als Orest und Iphigenie ihre Herkunft preisgeben und Orest dem Wahnsinn verfällt. Dieser Akt zeigt die Anagnorisis und die Peripetie, in der eine Umkehrung des Konfliktes nicht mehr möglich ist. Im 4. Akt wird die Katastrophe, die Menschenopferung, hinausgezögert und damit eine Spannungssteigerung erzielt.

Abschließend wird im 5. Akt eine Lösung des Konfliktes herbeigeführt, indem Thoas, durch Iphigenies Aufklärung des Betruges, der Rückkehr nach Griechenland zustimmt.[5]

Der fundamentale Konflikt des Dramas gliedert sich in einen äußeren und inneren Konflikt. Äußerlich wird das Drama durch die Konflikte, dem Wunsch der Rückkehr Iphigenies nach Griechenland und das Heiratsbegehren Thoas, bestimmt. Die inneren Konflikte Iphigenies berühren die äußeren Konflikte. Hierbei rücken die Heilung Orests und die Entwicklung Iphigenies in den Vordergrund.[6]

2.3) Die Sprache des klassischen Dramas

Das Drama „Iphigenie" ist in Blankversen, ungereimte fünfhebige Jamben, verfasst. Der Versschluss kann durch den regelmäßigen Wechsel zwischen Hebung und Senkung sowohl männlich, als auch weiblich dargestellt sein:

„Schon einem rauhen Gatten zu gehorchen,   x x x x x x x x x x x x

---

[4] Freytag, Gustav: Die Technik des Dramas. Berlin 2003, S. 24.
[5] Vgl. Schmitt, , Axel. Johann: Wolfgang Goethe – Iphigenie auf Tauris. Unterrichtsvorschläge und Kopiervorlagen. Berlin 2011, S.11.
[6] Vgl. Leis, S.21.

Ist Pflicht und Trost; wie elend, wenn sie gar   x x x x x x x x x x
Ein feindlich Schicksal in die Ferne treibt!" (V. 30-33).   x x x x x x x x x x

Vers 30 schließt mit einem weiblichen, Vers 31 und 32 hingegen mit einem männlichen Verschluss. Dieser Wechsel verleiht dem Drama einen „inneren Fluss"[7], vermittelt gleichwohl auch die Ernsthaftigkeit des Stückes.

Ein weiteres rhetorisches Mittel ist die Stichomythie," die schnelle, versweise wechselnde Rede und Gegenrede in einem Versdrama."[8] Sie kann Erregung und Steigerung ausdrücken oder aber auch einen „gleichberechtigten Diskurs" aufzeigen.[9] Diese Dialogform findet sich zum Beispiel in den Versen 493-498, wenn Iphigenie und Thoas sich im Austausch mit der Frage nach der Wahrheit auseinandersetzen.

3.) Die Vorgeschichte - Der Fluch des Tantalus

Der Fluch des Tantalus besagt, dass Tantalus, Sohn des Zeus und der „Ahnherr" (V. 308) Iphigenies, die Pläne des Jupiters für die Erde bei den Sterblichen verraten und durch seine Frevelei den Zorn der Götter auf sich gezogen hat. Des Übermutes verfallen, serviert Tantalus den Göttern seinen eigenen Sohn Pelops als festliches Mahl und prüft damit die Allwissenheit der Götter. Auf diesen Verrat hin werden die Nachkommen des Tantalus´ verflucht und er selbst wird von Zeus in die Unterwelt verdammt. Auf seinen Nachkommen, wie zum Beispiel Agamemnon und dessen Gemahlin Klytaimnestra, sowie deren Kinder Elektra, Iphigenie und Orest, lastet nun der sogenannten Tantalidenfluch.[10] Der Tantalidenfluch hat zur Folge, dass die Nachkommen des Tantalus in vielfacher Weise zu Mördern ihrer eigenen Familienmitglieder werden:

> „[...]: Übermut und Untreu stürzten ihn von Jovis Tisch
> Zur Schmach des alten Tartarus hinab.
> Ach und sein ganz Geschlecht trug ihren Hass!" (V. 323-326).

So lastet auch dieses schwere Schicksal auf Iphigenies Schultern.

Iphigenie lebt in Verbannung auf der Insel Tauris, da ihr Vater Agamemnon sie, um den Siegeswillen im Kampf gegen Troja zu stärken, an die Göttin Diana geopfert hat. Jedoch wurde ihre Mutter Klytaimnestra geopfert, Iphigenie hingegen von der Göttin Diana gerettet. Agamemnon ahnt nicht, dass Iphigenie derweil dem Opfertod entgangen ist, da sie von der

---

[7]Ebd., S.13.
[8]Internet: http://www.duden.de/suchen/dudenonline/stichomythie. Abrufdatum: 20.06.2013.
[9]Schmitt, S.13.
[10]vgl. Leis, S. 8.

4

Göttin Diana erlöst wurde und ihr nun als Priesterin in ihrem Tempel auf Tauris dienen muss.[11]

4.) Die innere Welt Iphigenies zu Beginn des Dramas

Die innerer Verfassung Iphigenies zeigt, dass ihre Gedanken fast ausschließlich um ihre Familie und die damit verbundene Rückkehr nach Griechenland kreisen: „Das Land der Griechen mit der Seele suchend; (V. 12). Ihr Priestertum führt sie, trotz großer Dankbarkeit, nur mit Widerwillen aus und fühlt sich gegenüber den Männern benachteiligt.[12] Sie empfindet die gesellschaftlichen Normen als Fesseln: „Wie eng-gebunden ist des Weibes Glück!"(V. 29). Iphigenies sehnlichster Wunsch ist die Zusammenführung mit ihrer Familie und die Erlösung von ihrem „zweiten Tode" (V. 53). Sie nimmt ihr Leben auf Tauris als sinnlos wahr und beschreibt ihren Seelenzustand mit der Metapher des „zweiten Todes" (V. 53). Ihre Seele ist nicht auf Tauris, sondern nur ihre körperliche Hülle: „Und es gewöhnt sich nicht mein Geist hierher" (V. 6). Sie fühlt sich trotz des langen Aufenthaltes auf der Insel „fremd" (V. 9).

Die Exposition des Dramas zeigt, dass Iphigenie innerlich zerrissen ist und dass sie nur einen Wunsch hat – die Rückkehr zu ihrer Familie: „Verlassen, wehrlos und einsam steht Iphigenie vor uns."[13] Der Zwiespalt Iphigenies führt die Dramatik ein. Zum einen ist Iphigenie der Göttin Diana für ihre Rettung dankbar, gleichwohl kann sie ihre innere Verfassung nicht zum Positiven wenden. Die Sehnsucht und das Leid in der Fremde sind stärker. Iphigenie ist sich ihrer inneren Haltung bewusst und erkennt an, dass sie in diesem Zustand kein Priesteramt ausführen kann.[14] Sie betet zur Göttin Diana und fleht sie an:

> „So gib auch mich den Meinen endlich wieder,
> Und rette mich, die du vom Tod errettet,
> Auch von dem Leben hier, dem zweiten Tode." (V. 51-53).

Trotz allem zeigt sich, dass Iphigenie ihre Haltung bewahrt und ihr Schicksal annimmt. Sie betrachtet ihre Lage sachlich und vernünftig, so wie es die Klassik fordert, „Affekte zu kontrollieren und die „edle Einfalt" und „stille Größe" auch im menschlichen Handeln anzustreben."[15]Erkennbar wird dies an der Verwendung der 3. Person: „Weh dem, der fern von Eltern und Geschwistern/ Ein einsam Leben führt!" (V. 15f.). Iphigenie betrachtet sich als

---

[11]Vgl. Leis, S.13.
[12]Vgl. Schmitt, S. 15.
[13]Müller, Joachim: Neue Goethe Studien. Halle (Saale) 1969, S.11.
[14]Vgl. ebd., S.12.
[15]Leis, S. 31.

Objekt und kann somit ihre innere Verfassung der Außenwelt verbergen. Diese Art der Selbstbeherrschung bleibt, trotz großer Zweifel, während des ganzen Stückes bestehen.[16]

4.1) Iphigenie und König Thoas

Die innere Zerrissenheit Iphigenies wird in der Begegnung mit König Thoas fortgeführt. Nachdem Thoas aus dem Krieg zurückkehrt, wirbt er um Iphigenie. Er möchte seine weitere Führerschaft sicherstellen. Verkündet wird ihr das durch Arkas, dem Berater des Königs. Aus dem Begehren Thoas' folgen weitere Konflikte im Innern Iphigenies. Als Thoas den Heiratsantrag persönlich vorträgt, wird er von Iphigenie zurückgewiesen, da sie dies als weiteres Hindernis für ihrer Rückkehr nach Griechenland sieht. Ihre Selbstbestimmung, die sie sich wünscht, wäre damit gefährdet. Iphigenie müsste auf der Insel Tauris verbleiben. Sie versucht durch die Offenbarung ihrer Herkunft das Begehren des Königs abzuwenden: „Vernimm! Ich bin aus Tantalus' Geschlecht." (V. 306). Sie beruft sich auf den Fluch ihrer Familie, obwohl sie zu Beginn nicht an das Schicksal durch die Götter glaubt.

Der Abschreckungsversuch scheitert, da Thoas erneut sein Heiratsbegehren ausspricht. An dieser Stelle zeigt sich ein Stück Humanität, weil der König der Vergangenheit wenig Bedeutung zuspricht. Die Ablehnung Iphigenies sieht Thoas eher als Vorwand, der Vermählung zu entkommen. Die Folge ist die Zerstörung des Glaubens und Hoffens an den möglichen Erbfolger.[17] Der nun gekränkte und verschmähte Thoas, verletzt in seinem Stolz, führt die Menschenopferung wieder ein (V. 506f.).

Am Ende des Gespräches zeigt sich ein schwerer, innerer Konflikt Iphigenies. Wie kann das Priestertum mit dem Tantalidenfluch übereinkommen? Am eigenen Leib hat Iphigenie die Menschenopferung erfahren, muss sie nun selbst das Blut der Menschen opfern? Erneut betet sie zu Göttin Diana: „O enthalte vom Blut meine Hände!" (V. 549). Sie zeigt, dass sie weiterhin an die Götter und deren Macht glaubt.[18]

Aus dieser Begegnung mit König Thoas ergeben sich nun weitere Konflikte für Iphigenie. Durch die Wiedereinführung der Menschenopferung und die Gefangennahme der Fremden, Orest und Pylades, verstärken sich Iphigenies innere Spannungen. Zu ihren inneren Konflikten kommt durch die bevorstehende Opferung eine äußere Not.

---

[16] Leis, S.31f.
[17]Vgl. Müller, S. 13.
[18]Vgl. Leis, S. 33.

4.2) Iphigenies Begegnung mit Pylades und Orest

Apollon erteilt Orest und Pylades eine Aufgabe. Sie sollen das „Kultbild der göttlichen Schwester Diana"[19] aus dem Tempel stehlen und zurück nach Delphi bringen. Dies begründet den Aufenthalt der beiden auf der Insel. Bei Gelingen der Aufgabe wird Orest von der Schuld, die eigene Mutter Klytaimnestra getötet zu haben, erlöst (V. 721-727). Zum 1. Akt erfolgt nun im 2. Akt eine Steigerung. Die Begegnung zwischen Iphigenie und Orest führt dazu, dass Iphigenie erfährt, wie ihre Mutter zu Tode gekommen ist und wie Orest seitdem dem Wahnsinn nahe ist. In diesem Moment erkennt sie ihren eigenen Bruder nicht, da Pylades ihre wahre Identität verheimlicht hat. Auf dieses Gespräch hin gerät Iphigenie in große Zweifel. Sie klagt die Götter an und verliert das Vertrauen in sie. Erst die Auflösung, dass Orest ihr Bruder ist, lässt sie wieder an die Götter glauben. Im Moment der Offenbarung drängt sich in Iphigenies Bewusstsein, dass ihre Erlösung ferner durch ihren Bruder Orest bedingt ist: „Mein Schicksal ist an deines fest gebunden" (V. 1122).

Im 3. Auftritt, nach Rückkehr Orests, beginnt die Schwesterliebe sichtbar zu werden. Die Liebe und Fürsorge Iphigenies, das Beten zu den Göttern Apollon und Diana, führt zu einer Umwandlung der Tantalidenfluches – Orest erfährt Heilung (V.1340).[20] Er ist erlöst vom Fluch des Tantalus.

Iphigenie hingegen hat erkannt, dass sie nur in ihrer Heimat Griechenland zurückkehren wird, wenn sie sich mit dem Fluch des Tantalus auseinander setzt. Nun steht sie am Ende des 3. Aktes vor einem dramatischen Konflikt. Ihr steht immer noch die Opferung Orests und Pylades bevor und damit die Fortführung des Fluches.

4.3.) Der Fluchtplan

Der innere Konflikt Iphigenies hat sich nun noch mehr zugespitzt. Zwar ist Orest geheilt und die beiden wurden wieder vereint, aber sie ist als Priesterin verpflichtet, Orest und Pylades den Göttern zu opfern. Da Iphigenie durch ihrer Ablehnung keinen Einfluss mehr auf König Thoas hat, kann sie nur eine Flucht von der Insel Tauris retten. Die von Apoll auferlegte Aufgabe, die Statue des Bildes der Diana zu stehlen, bleibt trotz der Heilung Orests im Vordergrund. Dies kann jedoch nur gelingen, wenn Iphigenie die Opferung verzögert und Orest und Pylades mehr Zeit haben die Flucht zu planen.[21] Pylades erbittet im Gespräch mit

---

[19]Schmitt, S. 23.
[20]Vgl. Müller, S.15f.
[21]Vgl. Leis, S. 37.

Iphigenie: „so schaff uns Luft, / Dass wir aufs eiligste, den heilgen Schatz/ Dem rau unwürdgen Volk entwendend, fliehn. (V.1601-1603). Er verlangt von ihr Betrug und Hinterlist. Die Folge ist:

> „Iphigenie wird in den schmerzlichen Zwiespalt zwischen Seelenreinheit und *Wirklichkeitsanspruch* geworfen, in das beklemmende Dilemma, entweder das eigene lautere Wesen zu beflecken oder den geliebten Bruder zu verraten und damit zu vernichten."[22]

Pylades fürchtet, dass Iphigenie versagt und den Betrug nicht aufrechterhalten kann. Sie empfindet trotz der Gefangenschaft Dankbarkeit gegenüber Thoas. Es ziemt sich nicht das Ehrenwort des Königs zu entwürdigen.[23]

Zunächst jedoch entfernt sich Iphigenie von einer autonomen Rolle. Sie wird durch ihren Kummer um Orest geleitet und kann nur wie ein Kind agieren (V. 1402). Sie gehorcht der Welt der Männer und verhält sich erst einmal passiv. So, wie sie die Hörigkeit der Frauen, zu Beginn des Dramas, kritisch betrachtet und abgelehnt hat. Iphigenie wird fremdbestimmt durch den Versuch ihrer Opferung durch den Vater, durch den König Thoas und dessen Heiratsbegehren und letztes Endes durch die Fluchtpläne Orests und Pylades', in die sie verwickelt wird.[24]

Wieder allein fängt Iphigenie an zu zweifeln: „O weh der Lüge! Sie befreit nicht / Wie jedes andre wahr gesprochene Wort," (V. 1405-1406). Nun steht Iphigenie vor ihrem schwierigsten Konflikt. Das Drama gewinnt an dieser Stelle an Schwere und ist erfüllt durch die tragische Lebenslage Iphigenies. Im Verlauf des Geschehens zeigt sich, dass Iphigenie ihr Handeln als Vorbote für neue Gefahren sieht.[25]

Der zentrale Konflikt bewegt sich nun zwischen der Vereitelung zur Flucht und die damit verbunden Rückkehr aller oder dem Hintergehen Thoas und seinen Anhängern - beide Lösungen wären eine Bedrohung ihrer eigenen Identität.[26]

So beginnt sie erneut an den Göttern zu zweifeln und sendet einen Hilferuf zum Ende des vierten Aufzuges: „Rettet mich / Und rettet euer Bild in meiner Seele" (V.1716f). Darauf folgt das sogenannte Parzenlied (V. 1726-1766), den „Angelpunkt für die Selbstfindung Iphigenies

---

[22]Müller, S.20.
[23]Vgl. ebd., S.20.
[24]Vgl. Reed, Terence James: Iphigenies Unmündigkeit. Zur weiblichen Aufklärung. In: Germanistik – Forschungsstand und Perspektiven, hrsg. v. Georg Stötzel. Berlin; New York 1984, S. 514.
[25]Vgl. May, Kurt: Form und Bedeutung. Interpretation deutscher Dichtung des 18. und 19.Jahrhunderts. Stuttgart 1957, S. 81.
[26]Vgl. Deiters, Franz-Josef: Goethes „Iphigenie auf Tauris" als Drama der Grenzüberschreitung oder: Die Aneignung des Mythos. In: Jahrbuch des freien deutschen Hochstifts. Hrsg. v. Christoph Perels. Tübingen 1999, S.37.

und mithin des gesamten Stückes".[27] Iphigenies Zweifel an den Göttern wird nun ersichtlich, gleichwohl sie der humanen Göttin Diana weiterhin dankbar ist. Das Parzenlied zeigt Iphigenie die Willkür der Götter auf: „Wie´s ihnen gefällt." (V.1731). Sie bittet die Götter nun um Hilfe und sucht nach Einigkeit inmitten „dem Göttlichen und dem Menschlichen im Mensch – die innere Vergewisserung des Göttlichen als Basis humanen Handelns [...]"[28] Iphigenie betont damit, dass eine Befreiung nur mit einer Übereinstimmung mit den Göttern möglich ist. Letztlich kann Humanität nur realisiert werden, wenn das Göttliche im Menschen zum Vorschein kommt.[29]

Arkas teilt Thoas seine Befürchtungen, dass Pylades und Orest von der Insel fliehen könnten, mit. Es sei ihm zu Ohren gekommen, dass ein Schiff in der Bucht steht. Daraufhin befiehlt Thoas, Orest und Pylades gefangen zu nehmen und besteht darauf, dass ihm Iphigenie gebracht werde. Im darauffolgenden Wortgefecht wirft Iphigenie dem König nun die eben vorgetragen Kritik an den Göttern vor. Zunächst lügt sie sowohl den Boten Arkas, als auch den König Thoas an. Sie flüchtet in ihr Priesterrecht. Thoas verlangt nun von ihr, endlich den wahren Grund für die Verzögerung der Opferung zu erfahren. Iphigenie hingegen wirft ihm Unmenschlichkeit und Diskriminierung des Weiblichen vor. Unterstützend beruft sie sich auf das Gastrecht und sein Mitleid gegenüber den Gefangenen. Durch die Ausflüchte Iphigenies wird Thoas impulsiv und lässt sich von ihren „schwachen" Argumenten nicht überzeugen. Dies führt zum Entschluss die Wahrheit zu offenbaren – zur „unerhörten Tat" Iphigenies. Sie löst sich von allen Religionen und rückt damit die menschliche Vergeltung in greifbare Nähe.[30] Befreit vom Fluch debattiert sie nun nicht mehr als Priesterin des Tempels, sondern als „nur Agamemnons Tochter" (V. 1822). Sie tritt nicht mehr an das Göttliche heran, sie appelliert an die Humanität.

Bisweilen hat sie den Versuch des Betruges zwar unterstützt, kann ihn aber durch ihre Wünsche in die Heimat zurückzukehren, der Emanzipation und den moralischen Ansprüchen nicht länger befürworten. Des Weiteren tritt sie für ihre Selbstverantwortung und die Verantwortung gegenüber den Anderen ein. Zwar liefert sie sich, Orest und Pylades durch die Offenbarung der Gefahr des Todes aus, tritt jedoch zugleich selbstbewusst gegenüber dem König auf. Iphigenie erwähnt sein Ehrenwort und besteht auf dessen Einlösung: „du hältst mir Wort! - Wenn zu den Meinen je / Mir Rückkehr zubereitet wäre, schwurst / Du mich zu lassen;

---

[27]Ebd., S. 37.
[28]Schmitt, S. 31.
[29]Vgl. Schmitt, S.31.
[30]Vgl. ebd.,S.35.

9

und sie ist es nun." (V. 1970-1972).[31] Ihre Tat schließt ein Scheitern ein, dass sie jedoch in Kauf nimmt. Sie offenbart das geplante Vorhaben, weil sie überzeugt ist, dass es notwendig ist alles zu opfern – sogar die eigene Existenz. Durch die Aufklärung des Betruges, das Schicksal und die Machtspiele entscheidet sich Iphigenie für die „Echtheit der Humanität".[32]

Was folgt ist zunächst Thoas' Bereitschaft, im Kampf gegen Orest eine Lösung zu erzielen. Der tragische Konflikt spitzt sich damit weiter zu. Erst als der Orakelspruch durch Orest anders gedeutet wird, gelingt es den König zu bekehren. Nicht die Statue der Diana sollte nach Griechenland überführt werden, sondern die Schwester Iphigenie. Die Handlung wird geöffnet und der Konflikt ist endlich gelöst. Es kann derweilen nicht von Sieg oder Niederlage gesprochen werden, da der König nichts verliert und nicht gezwungen wird dem Vorhaben einzuwilligen.[33] Iphigenie weist ihn nur darauf hin: „Du hast nicht oft / Zu solcher edlen Tat Gelegenheit." (V. 2148f.). Thoas willigt ein und lässt Orest, Pylades Iphigenie von der Insel ziehen: „So geht!" (V. 2151).

5.) Schlussbetrachtungen – Die Konfliktlösung

Die Lösung des Konfliktes durch Iphigenies Ehrlichkeit, beendet das Schauspiel: „Sie handelt als emanzipiertes, aufgeklärtes und autonomes (weibliches!) Individuum [...]."[34]

Iphigenie hat ihre gute Seele bewahrt und eröffnet mit ihrer Offenbarung die Möglichkeit zur Freiheit und die damit verbundene Rückkehr nach Griechenland. Iphigenie hat im gesamten Stück eine Wandlung vollzogen, die am Ende ihre Vollendung erfährt. Alle drei Konflikte führen am Ende zu einer Erlösung. Zu Beginn des Dramas wird Iphigenie durch ihr Schicksal bestimmt. Sie ist nach außen hin an die Göttin Diana gebunden und innerlich sehnt sie sich nach ihrer Heimat Griechenland. Ihr Wunsch nach Autonomie und Emanzipation und dem Willen etwas an ihrer Lage zu ändern führt, wie die Analyse zeigt, zur Lösung des tragischen Konflikts. Sie kann den Fluch durch ihre Selbstfindung auflösen und sogar den König Thoas besänftigen und davon überzeugen im „humanen Sinn"[35] zu handeln. Iphigenie erfährt einen Akt der Selbsterkennung und handelt moralisch. Des Weiteren entspricht Iphigenie Goethes Humanitätsideal, da sie ihre persönlichen Interessen, wie der Wunsch nach Rückkehr in die Heimat, nicht mit List und Betrug erreichen möchte, sondern eine humane Lösung des

---

[31]Vgl. ebd. ,S.40.
[32]Ebd., S.22.
[33]Vgl. Schaum, Konrad: Der historische Aspekt in Goethes „Iphigenie". In: Festschrift für Erich Heller. Zum 65. Geburtstag am 27.3.1976. Hrsg. v. Volker Dürr. Heidelberg 1976, S. 266.
[34]Schmitt, S.37.
[35]Müller, S.24.

Konflikts anstrebt. Ihr verantwortungsvolles Handeln führt zur Befreiung vom Fluch und ermöglicht ein friedliches Ende.

Doch kann ihr Handeln in allen Bereichen als human angesehen werden? Schließlich nimmt sie die Wiedereinführung der Menschenopferung wortlos in Kauf. Ausschließlich ihre Ablehnung des Heiratsbegehrens führt zu dieser Tat. An dieser Stelle ist es ihr nicht wichtig, nach Humanität zu streben. Sie handelt eigenverantwortlich ohne an die Konsequenzen zu denken. Dies tut sie unter anderem auch im Disput mit König Thoas. Sie gibt die Entscheidung in seine Hände und überträgt ihm damit die ganze Verantwortung.

Jedoch sollte man anerkennen, dass Iphigenie aus der Not heraus handelt. Sie steckt in einem Zwiespalt und muss die für sie richtige Entscheidung treffen. Die Humanität hat sich in der Verwirklichung und Selbstfindung Iphigenies realisiert.

6. Literaturverzeichnis

Primärliteratur

- Johann Wolfgang von Goethe: Iphigenie auf Tauris, Hamburger Lesehefte Verlag, 13. Heft. Husum/Nordsee.

Sekundärliteratur

- Deiters, Franz-Josef: Goethes „Iphigenie auf Tauris" als Drama der Grenzüberschreitung oder: Die Aneignung des Mythos. In: Jahrbuch des freien deutschen Hochstifts, hrsg. v. Christoph Perels. Tübingen 1999.

- Freytag, Gustav: Die Technik des Dramas. Berlin 2003.

- Leis, Mario: Johann Wolfgang Goethe. Iphigenie auf Tauris, Stuttgart 2005.

- May, Kurt: Form und Bedeutung. Interpretation deutscher Dichtung des 18. und 19. Jahrhunderts, Stuttgart 1957.

- Müller, Joachim: Neue Goethe Studien, Halle (Saale) 1969.

- Reed, Terence James: Iphigenies Unmündigkeit. Zur weiblichen Aufklärung. In: Germanistik
– Forschungsstand und Perspektiven, hrsg. v. Georg Stötzel. Berlin; New York 1984.

- Schaum, Konrad: Der historische Aspekt in Goethes „Iphigenie". In: Festschrift für Erich Heller. Zum 65. Geburtstag am 27.3.1976, hrsg. v. Volker Dürr. Heidelberg 1976.

Internet

- http://www.duden.de/suchen/dudenonline/stichomythie. Abrufdatum: 20.06.2013.